Heute ist es sehr wichtig, mindestens eine Fremdsprache so weit zu beherrschen, dass man die wichtigsten Dinge sagen kann.
Zur Unterstützung und Ergänzung des Sprachunterrichtes in der Schule ist dieses Buch gedacht, das für alle Sprachanfänger unterhaltsame Übungen bereit hält.

Viel Spaß bei den Übungen!

 Ferien

 Farben

 Zahlen

 Körper

 Haus

 Schule

 Kalender

 Grammatik

 Kleidung

 Essen und Trinken

 Tiere

Die Übungen in diesem Buch behandeln verschiedene Themen aus dem täglichen Leben. Sie sind besonders dazu geeignet, in der Schule erworbenes Wissen zu vertiefen und zu üben.
Vor jeder Aufgabe steht ein Symbol, das auf das Thema hinweist.

Beim Metzger

Lies den Satz und die Wörter aufmerksam und schreibe die Zahlen 1 bis 7 an die richtigen Stellen im Bild!

1 I go to the butcher's.
Ich gehe zum Metzger.

2 the chop
das Kotelett

3 the sausage
die Wurst

4 the pie
die Pastete

5 the ham
der Schinken

6 the salami
die Salami

7 the meat
das Fleisch

Wortschatz:
the pigmeat: *das Schweinefleisch*
the veal: *das Kalbfleisch*
the mutton: *das Hammelfleisch*

Lernziel: Wortschatz erweitern zum Thema Metzgerei

Unser Haus

Kennst du dich aus? Lies die Wörter und schreibe die Zahlen 1 bis 8 an die richtigen Stellen im Bild!

1 the garden
der Garten

2 the cellar
der Keller

3 the attic
der Dachboden

4 the kitchen
die Küche

5 the drawing room
das Wohnzimmer

6 the dining room
das Esszimmer

7 the bathroom
das Badezimmer

8 the bedroom
das Schlafzimmer

Lernziel: Wortschatz erweitern zum Thema Haus

Monate und Jahreszeiten

Schreibe wie in den Beispielen die Monate darunter!

September	December	March	June
September	*Dezember*	*März*	*Juni*
October	January	April	July
....	....	....	....
November	February	May	August
....	....	....	....

Schreibe die richtigen Jahreszeiten auf die Linien und verbinde sie mit dem passenden Bild!

spring - ....

winter - ....

summer - ....

autumn - ....

Lernziel: Die englischen Namen der Monate und der Jahreszeiten kennen

Im Lebensmittelladen

Kennst du dich aus? Lies die Wörter und schreibe die Zahlen an die richtigen Stellen im Bild!

1 the apple
der Apfel

2 the pear
die Birne

3 the banana
die Banane

4 the plum
die Pflaume

5 the cherry
die Kirsche

6 the nut
die Nuss

7 the strawberry
die Erdbeere

8 the orange
die Orange

9 the lemon
die Zitrone

10 the grape
die Weinbeere

11 the flour
das Mehl

12 the sugar
der Zucker

13 the salt
das Salz

14 the pepper
der Pfeffer

15 the rice
der Reis

16 the biscuits
die Kekse

Lernziel: Die englischen Namen von Lebensmitteln kennen

Geburtstag

Vier Kinder haben Geburtstag. Schreibe auf, wie alt sie sind!
Das Beispiel hilft dir dabei.

1 = one, 2 = two, 3 = three, 4 = four, 5 = five, 6 = six, 7 = seven, 8 = eigth, 9 = nine, 10 = ten, 11 = eleven, 12 = twelve

How old are you? I am .... years old.
Wie alt bist du? Ich bin .... Jahre alt.

Beispiel:
Ben is five years old.

Anne..

John ....

Mark and Mary are..............................

Zeichne die passenden Geburtstagstorten!

Alan is nine. Helen is eleven. Thomas is four.

Lernziel: Die englischen Altersangaben kennen

Die Kleidung

Lies die Wörter aufmerksam und schreibe die Zahlen 1 bis 15 an die richtigen Stellen im Bild!

1	the raincoat *der Regenmantel*	**5**	the glove *der Handschuh*	**9**	the shirt *das Hemd*	**13**	the trousers *die Hosen*
2	the coat *der Mantel*	**6**	the stockings *die Strümpfe*	**10**	the dress *das Kleid*	**14**	the pyjamas *der Schlafanzug*
3	the cap *die Mütze*	**7**	the shoes *die Schuhe*	**11**	the skirt *der Rock*	**15**	the sandals *die Sandalen*
4	the scarf *der Schal*	**8**	the bathing suit *der Badeanzug*	**12**	the pullover *der Pullover*		

Lernziel: Die englischen Namen der Kleidungsstücke kennen

Obsträtsel

Hier sind einige Obstsorten versteckt. Kannst du die englischen Wörter finden?

Q	A	Y	J	S	M	L	F	O	E	B
R	P	D	I	A	T	B	E	R	K	A
S	P	E	K	J	C	A	J	A	F	N
P	L	U	M	B	R	F	J	N	B	A
P	E	A	R	V	B	J	D	G	C	N
T	D	F	L	G	R	A	P	E	R	A
U	C	F	D	S	B	N	F	G	D	W
V	B	S	M	M	C	H	E	R	R	Y
W	A	L	E	M	O	N	K	L	Y	X
X	Z	W	J	K	S	C	D	N	U	T

Diese Früchte habe ich gefunden:

Lernziel: Obstsorten auf Englisch kennen

Im Supermarkt

Kennst du dich aus? Streiche durch, was du im Supermarkt nicht kaufen kannst!

the vegetables *(das Gemüse)* - the leek *(der Lauch)* - the nose *(die Nase)* - the carrot *(die Möhre)* - the cabbage *(der Kohl)* - the red cabbage *(der Rotkohl)* - the telephone *(das Telefon)* - the cauliflower *(der Blumenkohl)* - the bean *(die Bohne)* - the spinach *(der Spinat)* - the window *(das Fenster)* - the cloud *(die Wolke)* - the chicory *(der Chicorée)* - the celery *(der Sellerie)* - the salad *(der Salat)* - the tomato *(die Tomate)* - the pea *(die Erbse)* - the potato *(die Kartoffel)* - the tree *(der Baum)* - the fish *(der Fisch)* - the house *(das Haus)* - the bird *(der Vogel)* - the sardine *(die Sardine)* - the mussel *(die Muschel)* - the sole *(die Zunge)* - the trout *(die Forelle)* - the mouth *(der Mund)* - the salmon *(der Lachs)* - the dog *(der Hund)* - the cod *(der Kabeljau)* - the baby *(das Baby)* - the plaice *(die Scholle)* - the oil *(das Öl)* - the stamp *(die Briefmarke)* - the soup *(die Suppe)* - the jam *(die Marmelade)* - the tea *(der Tee)* - the coffee *(der Kaffee)* - the soap *(die Seife)* - the street *(die Straße)* - the train *(der Zug)* - the shrimp *(die Krabbe)* - the onion *(die Zwiebel)* - the wine *(der Wein)* - the beer *(das Bier)* - the water *(das Wasser)*

Lernziel: Wortschatz erweitern zum Thema Supermarkt

Sein

Schau dir genau an, wie das Verb 'to be' *(sein)* konjugiert wird und verbinde dann die Fürwörter mit der richtigen Form!

He •
She •
I •
We •
You •
They •

• am
• are
• is

Setze nun das passende Fürwort ein!

.... am	.... is
.... are	.... are
.... is	.... is
.... are	.... are

Setze die richtige Form von 'to be' ein!

He	She ....
I	You ....
We	The dog ....
Susan and Ben	Mark ....

Lernziel: Das Verb 'to be' konjugieren können

Haben

Schau dir genau an, wie das Verb 'to have' *(haben)* konjugiert wird und verbinde dann die Fürwörter mit der richtigen Form!

I •
We •
They •
He •
You •
She •

• have
• has

Setze nun ein passendes Fürwort ein!

.... has
.... have
.... have
.... has

.... has
.... have
.... has
.... have

Setze die richtige Form von 'to have' ein!

He ....
She ....
You ....
They ....

Mary ....
We ....
I ....
Tom and Dave ....

Lernziel: Das Verb 'to have' konjugieren können

Peter verreist

Links siehst du Peters Koffer vor seiner Reise, rechts nach seiner Rückkehr. Schreibe auf, was fehlt!

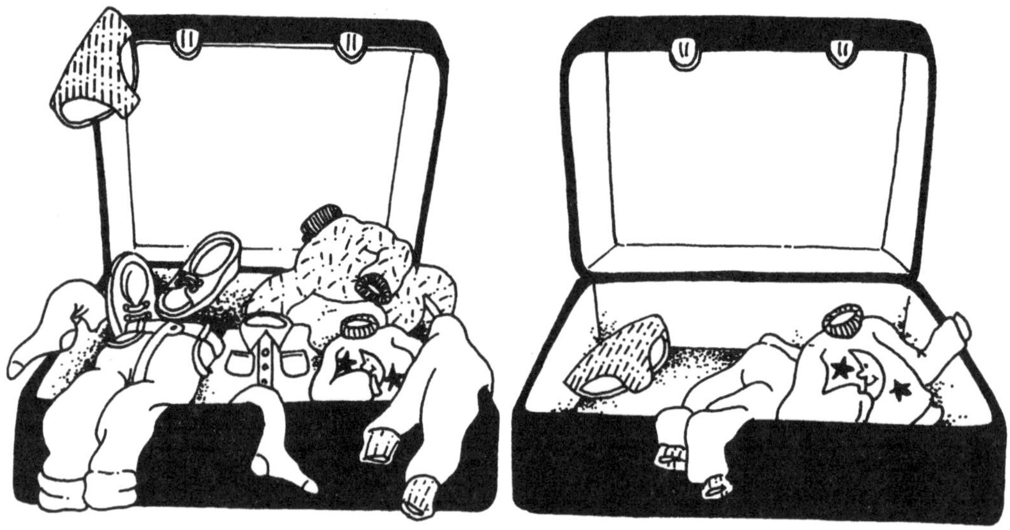

Es fehlen: ....

....

....

Schreibe die englischen Wörter in die Kästchen! Das Lösungswort nennt ein Kleidungsstück.

Sie halten die Füße warm.
Er schützt den Hals vor Kälte.
Sie schützen die Hände vor Kälte.
Er wird aus Wolle gestrickt.
Wird nur von Mädchen getragen.
Du trägst sie an den Füßen.
Wird auch nur von Mädchen getragen.
Schuhe für den Sommer.

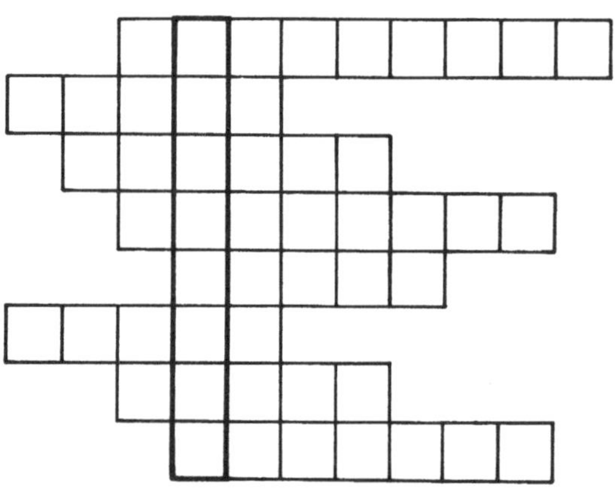

Lernziel: Englische Namen der Kleidungsstücke kennen

In der Schule

Lies die Wörter und schreibe die Zahlen richtig ins Bild!

1 the classroom — *das Klassenzimmer*

2 the teacher — *der Lehrer*

3 the blackboard — *die Wandtafel*

4 the door — *die Tür*

5 the window — *das Fenster*

6 the cupboard — *der Schrank*

7 the desk — *das Pult*

8 the chair — *der Stuhl*

9 the boy — *der Junge*

10 the girl — *das Mädchen*

11 the child — *das Kind*

12 the pen — *die Schreibfeder*

13 the pencil — *der Bleistift*

14 the ruler — *das Lineal*

15 the rubber — *der Radiergummi*

16 the book — *das Buch*

17 the copy book — *das Schreibheft*

18 the clock — *die Uhr*

19 the satchel — *die Schulmappe*

20 the chalk — *die Kreide*

Lernziel: Englische Wörter zum Thema Schule kennen

Beim Bäcker und im Milchladen

Was gehört zum Bäcker, was zum Milchladen? Verbinde!

the baker •
der Bäcker

the dairy •
der Milchladen

the biscuit •
der Zwieback

the egg •
das Ei

the butter •
die Butter

the bread •
das Brot

the ice-cream •
die Eiscreme

the cake •
der Kuchen

the cheese •
der Käse

the roll •
das Brötchen

• the bakery
die Bäckerei

• the cheese-maker
der Käsehersteller

• the cream
die Sahne

• the milk
die Milch

• the bottle of milk
die Milchflasche

• the cow
die Kuh

• the flan
der Obstkuchen

• the croissant
das Hörnchen

• the buttermilk
die Buttermilch

• the yoghurt
der Joghurt

Lernziel: Wortschatz zum Thema Bäcker und Milchladen kennen

Die Teile des Hauses

Es gibt drei Möglichkeiten. Kreuze an, was zutrifft!

Ein Paradies für Mäuse
- ☐ the bedroom
- ☐ the drawing room
- ☐ the cellar

Auslauf für einen Hund
- ☐ the garden
- ☐ the kitchen
- ☐ the bathroom

Mama backt eine Torte
- ☐ the cellar
- ☐ the kitchen
- ☐ the dining room

Dort wasche ich mich
- ☐ the attic
- ☐ the garden
- ☐ the bathroom

Sechs Stühle um einen Tisch
- ☐ the dining room
- ☐ the bedroom
- ☐ the bathroom

Opa sitzt am Kachelofen
- ☐ the garden
- ☐ the bathroom
- ☐ the drawing room

Abstellraum für alte Sachen
- ☐ the garden
- ☐ the attic
- ☐ the dining room

Nachts träume ich dort
- ☐ the bedroom
- ☐ the bathroom
- ☐ the kitchen

Lernziel: Die verschiedenen Räume im Haus auf Englisch kennen

Mein Körper

Lies die Wörter und schreibe die Zahlen an die Körperstellen!

1 the head *(der Kopf)*
2 the hair *(die Haare)*
3 the eye *(das Auge)*
4 the ear *(das Ohr)*
5 the nose *(die Nase)*
6 the mouth *(der Mund)*
7 the finger *(der Finger)*
8 the neck *(der Hals)*
9 the trunk *(der Rumpf)*
10 the arm *(der Arm)*
11 the hand *(die Hand)*
12 the leg *(das Bein)*
13 the foot *(der Fuß)*

Zu welchen Körperteilen gehören diese Begriffe? Schreibe die englischen Namen auf!

Zahnarzt: ....
Schuhe: ....
Handschuhe: ....
Augenarzt: ....
Friseur: ....
Schal: ....

Beantworte folgende Fragen auf Englisch!

Is your hair long or short? ....
How many fingers do you have? ....
How tall are you? ....
How many hands do you have? ....
How many teeth do you have? ....
How many eyes do you have? ....

Lernziel: Die verschiedenen Körperteile auf Englisch kennen

Einkaufen

Verbinde die Verkäufer mit den passenden Produkten!

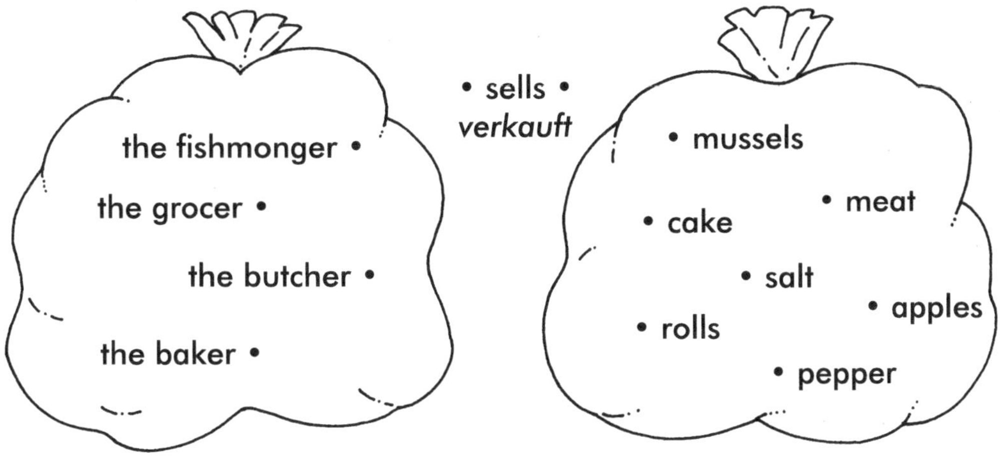

Stelle auf Englisch einen Speiseplan für die Woche zusammen!

Monday ....
Montag ....

Tuesday ....
Dienstag ....

Wednesday ....
Mittwoch ....

Thursday ....
Donnerstag ....

Friday ....
Freitag ....

Saturday ....
Samstag ....

Sunday ....
Sonntag ....

Lernziel: Genug englische Wörter für einen Speiseplan kennen

Der Kalender

Setze die Kalenderblätter in die richtige Reihenfolge von 1 bis 12! (Beginne mit January = 1!)

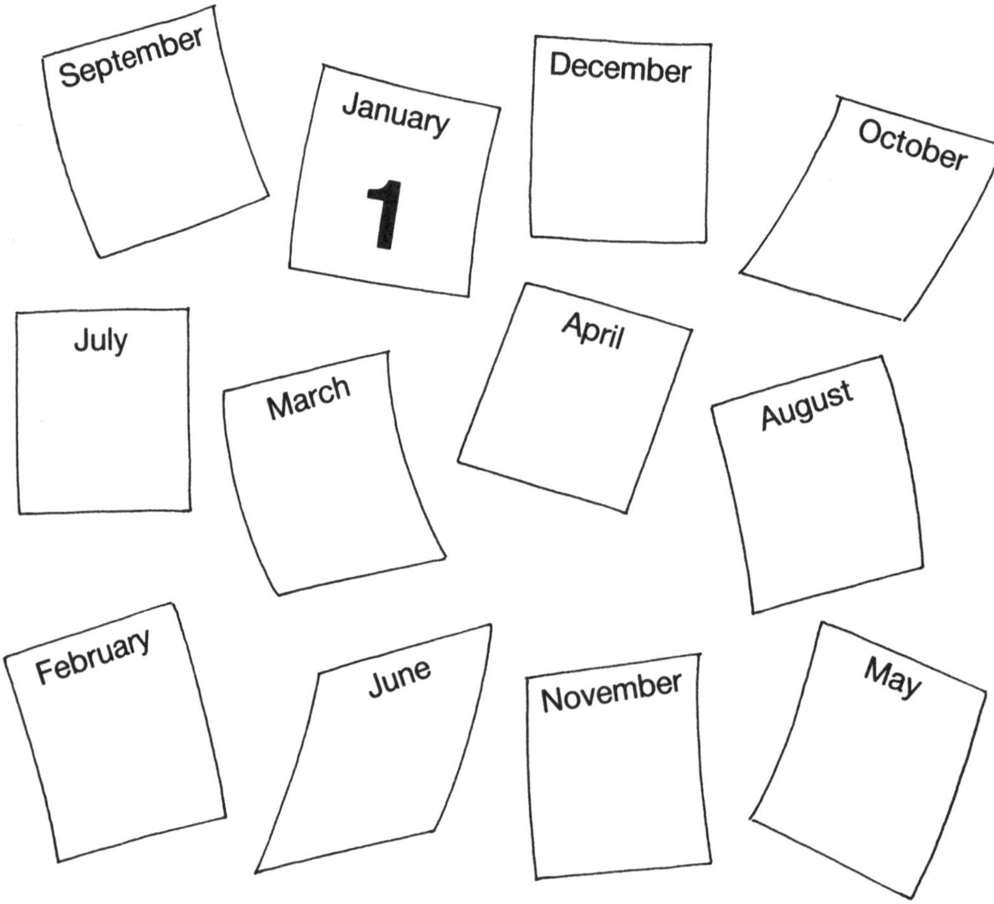

Schreibe das Datum folgender Tage in Englisch auf!

Weihnachten: 25. ....
Ostern (dieses Jahr): ....
Neujahr: ....
Nikolaus: ....
Beginn dieses Schuljahrs: ....
Beginn der großen Ferien: ....
Mein Geburtstag: ....

Lernziel: Das Datum auf Englisch schreiben können

Viele Früchte

Schreibe auf Englisch, was du siehst! In der Mehrzahl kommt im Englischen ein 's' hinter die Einzahlform.

....

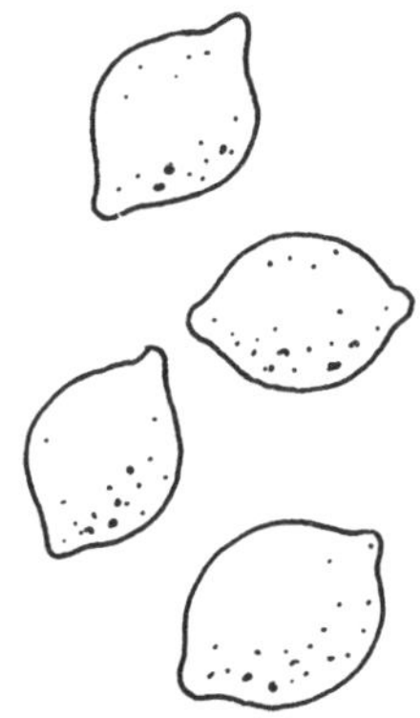

three pears

....

....

....

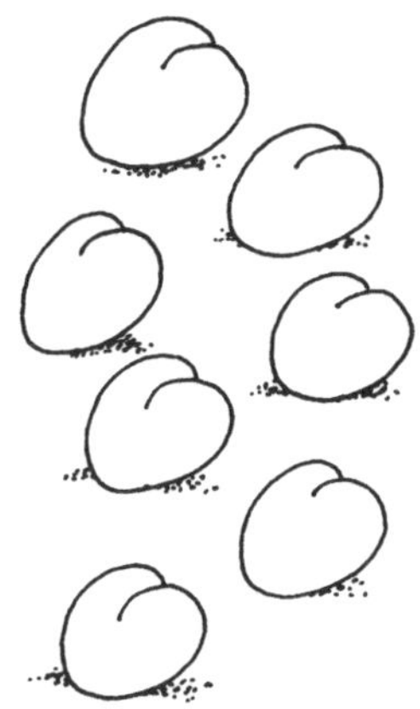

eight cherries

....

....

Lernziel: Obstsorten auf Englisch kennen / die Mehrzahl bilden

Kreuzworträtsel

Schau die Zeichnungen an und fülle das Kreuzworträtsel aus!

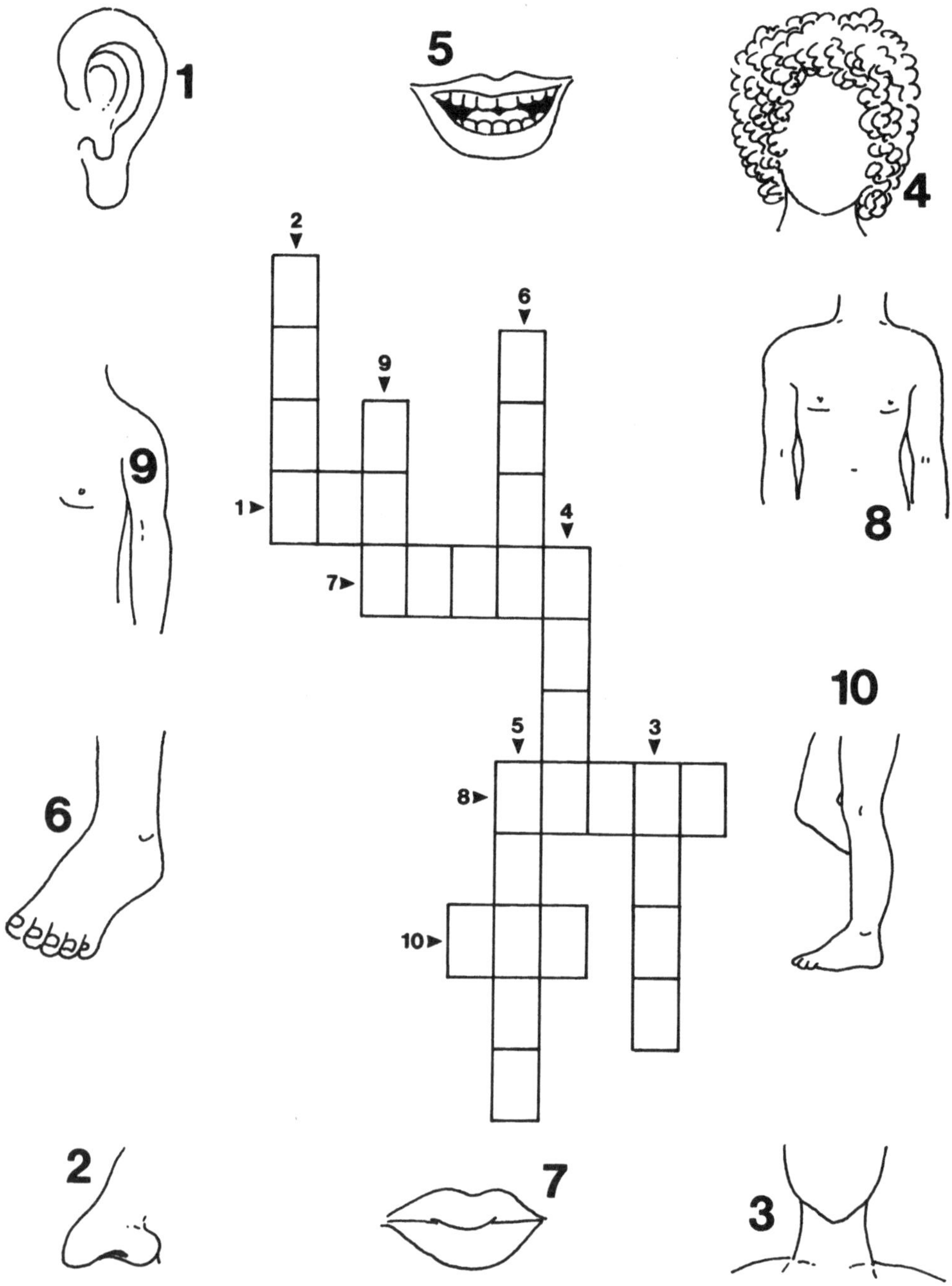

Lernziel: Die verschiedenen Körperteile auf Englisch kennen

Essen und Trinken

Setze ein: 'a cup' *(Tasse)*, 'a glass' *(Glas)*, 'a box' *(Dose)* oder 'a bottle' *(Flasche)*! Schreibe alle möglichen Lösungen auf!

....
....
.... of milk
....

....
.... of beer
....

....
.... of coffee
....

Was brauchst du zu folgenden Gerichten?

eine leckere Gemüsesuppe:

....
....
....
....
....
....
....

eine herrliche Torte:

....
....
....
....
....
....
....

Streiche die Punkte durch, die nicht dazugehören!

Das kaufe ich beim Fischhändler:

- trouts
- mussels
- meat
- butter
- milk
- flour

Lernziel: Englische Namen von Lebensmitteln kennen

Lesen, Schreiben und Rechnen

Lies den Text sorgfältig durch!

The students *(die Schüler)* are in the classroom. The teacher *(der Lehrer)* writes *(schreibt)* on the blackboard. The children calculate *(rechnen)* and write in a copy book *(Schreibheft)*.

Hier sind die Buchstaben durcheinander geraten. Setze sie in die richtige Reihenfolge! Die Abbildungen helfen dir.

rodo ....

ybo ....

lrig ....

cbakbaodrl ....

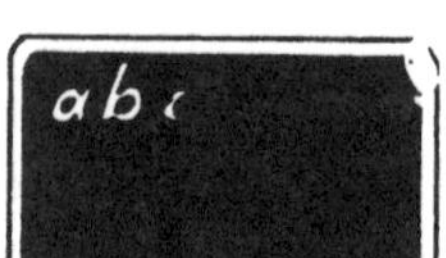

koob ....

yocp bkoo ....

Streiche durch, was bei dir nicht zutrifft!

I can - I cannot write.
I can - I cannot read *(lesen)*.

I like to write - to calculate.
I am a girl - a boy.

Lernziel: Einen englischen Text erfassen

Vor oder hinter - drinnen oder draußen

Setze 'in front of' *(vor)* oder 'behind' *(hinter)* ein!

The cat is .... the tree.
The tree is .... the cat.

The car is .... the caravan.
The caravan is .... the car.

The cake is .... the knife.
The knife is .... the cake.

Setze 'inside' *(drinnen)* oder 'outside' *(draußen)* ein!

The boy is ....
The girl is ....

The baby is ....

The dog is ....

The children are ....

Lernziel: Die Begriffe 'in front of', 'behind', 'inside' und 'outside' kennen

Tasse oder Glas?

Weißt du noch?

a cup

a glass

• a glass •	• of coffee
• a cup •	• of chocolate
• a box •	• of milk
• a bottle •	• of water
• a small bottle •	• of wine
• a small box •	• of beer

Schreibe auf Englisch, was du trinkst!

morgens: ....

mittags: ....

abends: ....

Lernziel: Getränkenamen auf Englisch kennen

Zahlen

Verbinde die Zahlen von klein nach groß!

thirty hundred
seventy
forty
ten
fifty
eighty sixty
ninety twenty
zero

Hier siehst du Menschen verschiedenen Alters. Schreibe die Lebensjahre als Zahl!

eighty: ....

twenty: ....

fourteen: ....

fifty: ....

two: ....

Lernziel: Zahlen auf Englisch kennen

Sein oder haben?

Setze die richtige Gegenwartsform der Verben 'to be' oder 'to have' in die Sätze ein!

You .... in the train.
We .... a cat.
I .... an apple.
The dog .... on holiday *(im Urlaub)*.
He .... at the sea.
She .... ill *(krank)*.
Anne .... a skirt.
Mark and Peter .... a bicycle *(Fahrrad)*.
My sister .... a new coat.
Jill .... naughty *(unartig)*.

Verbinde die Satzteile zu sinnvollen Sätzen!

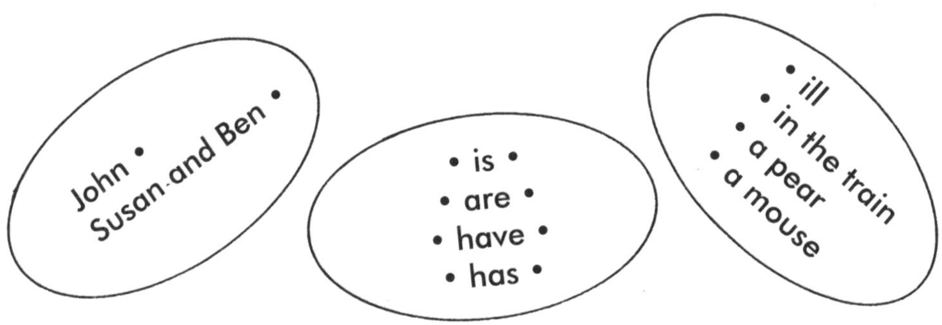

Lernziel: Die Verben 'to be' und 'to have' in ihren Formen kennen

Meine Klasse

Kreuze die richtigen Antworten an!

Dort sitzt du auf ...
[ ] the teacher
[ ] the chair
[ ] the rubber

Der Lehrer schreibt auf ...
[ ] the desk
[ ] the blackboard
[ ] the cupboard

Dort zeichnest du mit ...
[ ] the pencil
[ ] the child
[ ] the chair

Dort schreibst du in ...
[ ] the girl
[ ] the copy book
[ ] the boy

Bilde aus den Buchstaben Wörter, schreibe sie auf und zeichne sie dann!

burbre ....

rhiac ....

esdk ....

asethcl ....

epnlic ....

pcudabor ....

Lernziel: Wortschatz zum Thema Klasse erweitern

Was ich am liebsten esse

Setze die Gänge dieses Menüs in die richtige Reihenfolge!

- ☐ cauliflower and potatoes
- ☐ coffee and milk
- ☐ tomatosoup
- ☐ fruitcake
- ☐ wine
- ☐ salad and pie

Streiche alles durch, was du für das obige Menü nicht brauchst!

sugar
butter
pigmeat
chop

carrots
apples
milk
beer

wine
flower
cauliflower
a potato
a roll

coffee
a tomato
pie
a salad
a pear

Stelle nun dein Lieblingsmenü auf Englisch zusammen!

Getränk: ....

Vorspeise: ....

Suppe: ....

Hauptgang: ....

Nachspeise: ....

Magst du das? Potatoes and trout: yes - no

Lernziel: Wortschatz zum Thema Essen erweitern

Die Jahreszeiten

Verbinde jeden Satz mit der passenden Jahreszeit!

Die Schwalben kehren zurück. •

Frohe Weihnachten! •

Die großen Ferien beginnen. •

Wir feiern Karneval. •

Puh, was für eine Hitze! •

Ich habe Kastanien gefunden. •

Die Schule fängt wieder an. •

Ich sehe Lämmer auf der Weide. •

Juchhe, es schneit! •

Die Birnen sind reif. •

Heute Morgen war der Teich zugefroren. •

Es ist ganz lang dunkel. •

Prosit Neujahr! •

April! April! •

Ich habe Ostereier gefunden. •

• autumn

• spring

• winter

• summer

Bilde aus den Silben (Ju = 2-mal) Monate und Jahreszeiten und schreibe sie auf!

1 ....
2 ....
3 ....
4 ....
5 ....
6 ....
7 ....
8 ....

Lernziel: Namen der Monate und Jahreszeiten auf Englisch kennen

Ich zähle bis 100

Immer 10 dazu! Trage die fehlenden Zahlen ein!

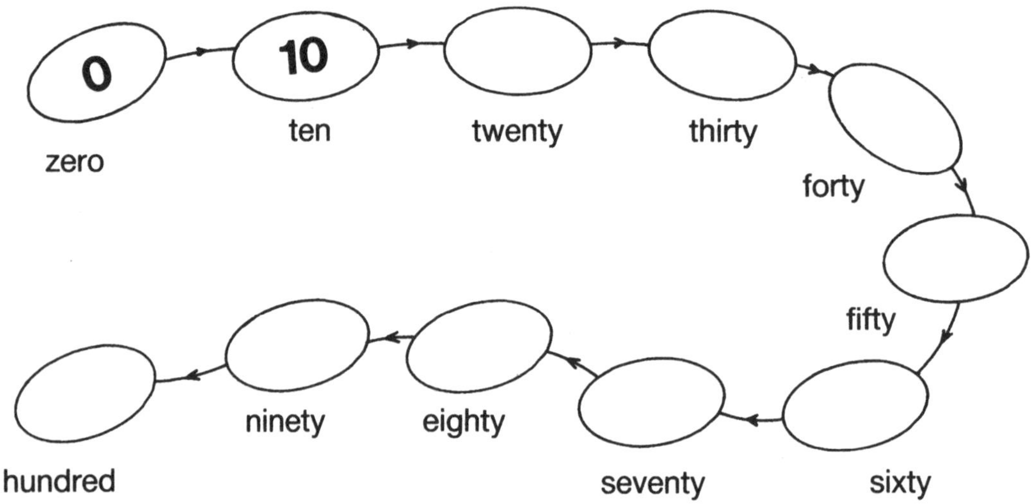

Rechne aus! Schreibe jedes Ergebnis als Zahl und dahinter als Wort!

20 + 40 = ... = ...

80 – 30 = ... = ...

90 + 10 = ... = ...

70 : 10 = ... = ...

30 + 10 = ... = ...

Schreibe wie im Beispiel die Zahlen auf Englisch!

69 = sixty-nine

22 = ...

63 = ...

82 = ...

24 = ...

88 = ...

98 = ...

29 = ...

Lernziel: Zahlen bis 100 auf Englisch schreiben können

Was macht Mama?

Trage in die Kästchen ein, wo Mama das macht!

1. She watches television.
   Sie schaut fern.
2. She washes her hands.
   Sie wäscht sich die Hände.
3. She makes a cake.
   Sie backt einen Kuchen.
4. She gets some wine.
   Sie holt Wein.
5. She lies in the sun.
   Sie sonnt sich.
6. She sleeps.
   Sie schläft.
7. She looks for an old book.
   Sie sucht ein altes Buch.

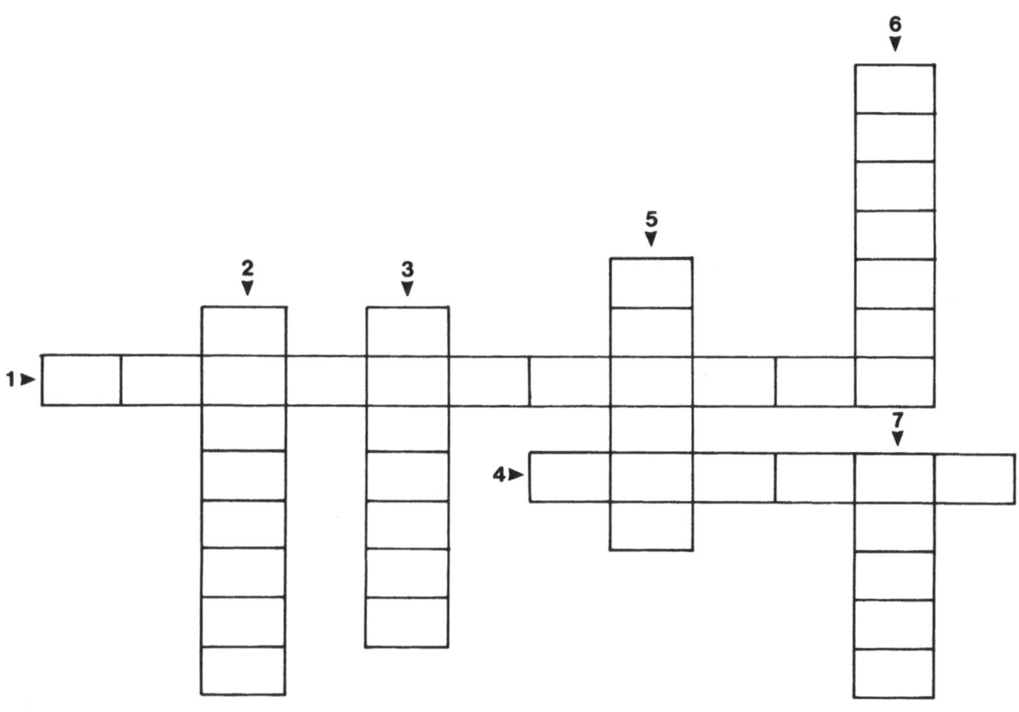

Lernziel: Wortschatz zum Thema Haus kennen

Wir kaufen ein

Streiche durch, was nicht dazugehört!

Getränke

- the coffee
- the water
- the salmon
- the fruit juice
- the ham
- the milk
- the wine

Das kaufen wir im Milchladen:

- the tree
- the milk
- the butter
- the nut
- the grape
- the cheese
- the egg
- the soap
- the cabbage
- the oil

Schreibe auf Englisch!

8 Gemüsesorten: ....

....

8 Obstsorten: ....

....

5 Sachen aus dem Fischgeschäft: ....

....

4 Sachen aus der Metzgerei: ....

....

5 Sachen aus der Bäckerei: ....

....

5 Getränke: ....

....

10 Sachen aus dem Lebensmittelladen: ....

....

....

Lernziel: Nahrungsmittel auf Englisch kennen

Ich stelle mich vor

Ergänze die Sätze und stelle dich vor!

My name is ....
Ich heiße

I am .... years old.
Ich bin........... Jahre alt.

I live in ....
Ich wohne in

My school is ....
Meine Schule ist

My hobbies are ....
Meine Hobbys sind

I have .... brothers and .... sisters.
Ich habe .... Brüder und .... Schwestern.

I like to eat ....
Ich esse gerne

The names of my friends are ....
Meine Freunde heißen

Kreise die richtige Antwort ein!

I am in the / *Ich bin in der*

second (2nd)
third (3rd)
fourth (4th)
fifth (5th)
sixth (6th)

class. / *Klasse.*

I work good at school: yes - no
Ich bin gut in der Schule: ja - nein

Lernziel: Sich auf Englisch vorstellen können

Sieben Tage

Zeichne, was du an diesen Tagen tust!

Sunday = *Sonntag* Monday = *Montag* Tuesday = *Dienstag*

Wednesday = *Mittwoch* Thursday = *Donnerstag*

Friday = *Freitag* Saturday = *Samstag*

Bilde aus diesen Silben Wochentage! Schreibe sie auch auf Deutsch auf!

day - tur - Sa	....	....
day - Thurs	....	....
day - Tues	....	....
day - Sun	....	....
nes - Wed - day	....	....
day - Fri	....	....
day - Mon	....	....

Lernziel: Die Wochentage auf Englisch kennen

Ein gedeckter Tisch

Schreibe die Zahlen an die richtigen Stellen im Bild!

1 the table
der Tisch

2 the chair
der Stuhl

3 the knife
das Messer

4 the fork
die Gabel

5 the spoon
der Löffel

6 the jam
die Marmelade

7 the cup
die Tasse

8 the plate
der Teller

9 the bottle
die Flasche

10 the glass
das Glas

11 the egg
das Ei

12 the cheese
der Käse

13 the butter
die Butter

14 the sugar
der Zucker

15 the water
das Wasser

16 the chocolate
die Schokolade

17 the bread
das Brot

18 the coffee
der Kaffee

19 the tea
der Tee

20 the milk
die Milch

Lernziel: Wortschatz zum Thema Frühstück erweitern

Die Tiere

Schau das Bild an und schreibe hinter die englischen Namen die deutschen Begriffe!

1 a cat ....

2 a bird ....

3 a rabbit ....

4 a rooster ....

5 a duck ....

6 a dog ....

7 a hen ....

8 a pig ....

9 a mouse ....

10 a fish ....

11 a horse ....

12 a sheep ....

Schreibe hier auf Englisch deine Haustiere auf!

....

....

....

Lernziel: Englische Tiernamen lernen

Eins - zwei - drei ...

Schreibe in jedes Kästchen die richtige Zahl!

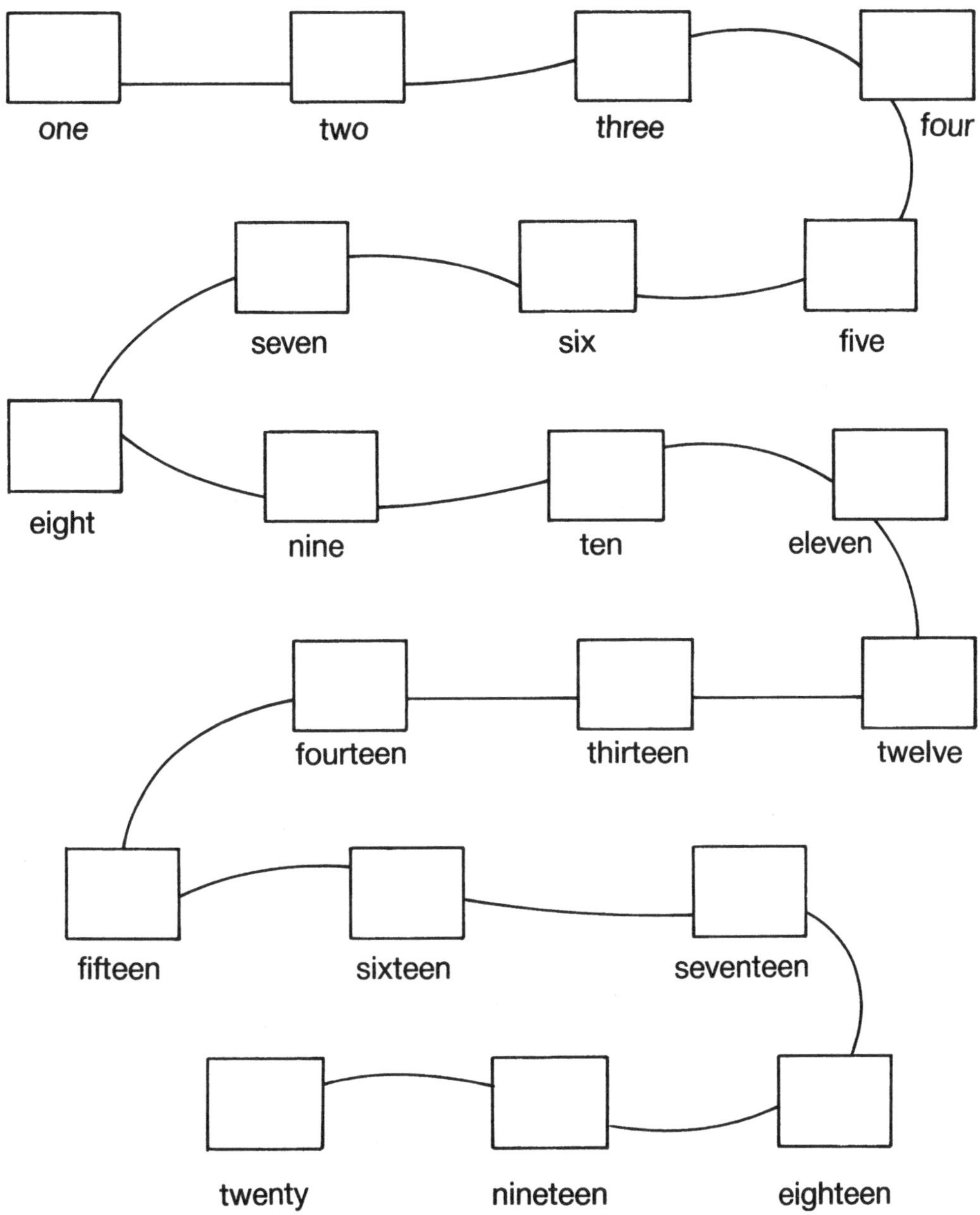

Lernziel: Zahlen bis 20 auf Englisch lernen

Die Wochentage

Wie heißen die fehlenden Wochentage?

Monday *Montag*	Tuesday *Dienstag*	Wednesday ……	Thursday ……	Friday ……
Saturday ……	Sunday ……			

Fülle die Tabelle aus!

yesterday *gestern*	today *heute*	tomorrow *morgen*
……	Monday	……
Monday	……	……
……	……	Wednesday
Saturday	……	……
……	……	Friday
……	Saturday	……
……	……	Saturday
Monday	……	……

Lernziel: Die Wochentage auf Englisch kennen

Was essen wir?

Setze die Wörter in die Sätze ein!

bread – milk – chair – jam –
sugar – table – cheese – cup

David sits at the ...., on a .... He eats .... and .... He also eats bread and .... He drinks a .... of coffee with .... and ....

Beantworte die Fragen! yes = ja, no = nein

Do you eat bread and jam in the morning? ....
Isst du morgens Brot mit Marmelade?

Do you eat bread and cheese in the morning? ....

Do you eat an egg in the morning? ....

Do you eat a chocolate in the morning? ....

Do you eat bacon (*Speck*) in the morning? ....

Do you drink coffee in the morning? ....

Do you drink milk in the morning? ....

Do you drink tea in the morning? ....

Lernziel: Wortschatz zum Thema Frühstück erweitern

Am Meer

Lies den Text durch und schreibe die Zahlen an die richtigen Stellen im Bild!

1 The sun is shining. There are no clouds.
Die Sonne scheint. Es hat keine Wolken.

2 Mummy is lying on the beach, under a parasol.
Mama liegt am Strand unter einem Sonnenschirm.

3 Daddy is sitting in a chair. He is reading a book.
Papa sitzt im Stuhl. Er liest ein Buch.

4 Two children are playing with a ball.
Zwei Kinder spielen Ball.

5 Neil is playing in the water. He is holding a fish.
Neil spielt im Wasser. Er hält einen Fisch.

6 A dog is running in the dunes.
Ein Hund rennt in den Dünen.

7 A man is sitting in a boat. He is fishing.
Ein Mann sitzt in einem Boot. Er angelt.

Lernziel: Englische Wörter zum Thema Meer kennen

Tiere im Kreuzworträtsel

Bei jedem Tier steht eine Zahl. Schreibe die Namen der Tiere auf Englisch in die Kästchen!

Lernziel: Tiernamen auf Englisch kennen

In, unter, auf

Schreibe unter jedes Bild, wo sich das Tier (der Gegenstand) befindet: in *(in)*, under *(unter)* oder on *(auf)*!

....

....

Zeichne nun selbst, was gefragt ist!

a boat on the sea

a mouse under a chair

a ball in the sea

a book on a table

Lernziel: Die Bedeutung von 'in', 'under' und 'on' kennen

Die Farben

Male die Kästchen wie angegeben an!

green - *grün*	white - *weiß*	brown - *braun*
red - *rot*	black - *schwarz*	purple - *lila*
yellow - *gelb*	grey - *grau*	pink - *rosa*
blue - *blau*	orange - *orange*	beige - *beige*

Male die Bilder wie angeben an!

blue-white
brown

green - pink
red - yellow

yellow - black
purple

Kreuze an, welche Farbe beim Mischen entsteht!

yellow and blue
[ ] black
[ ] green
[ ] grey

red and blue
[ ] brown
[ ] purple
[ ] green

yellow and red
[ ] orange
[ ] pink
[ ] brown

Lernziel: Farben auf Englisch kennen

Zahlen im Kreuzworträtsel

Trage die Zahlen auf Englisch in die Kästchen des Kreuzworträtsels ein!

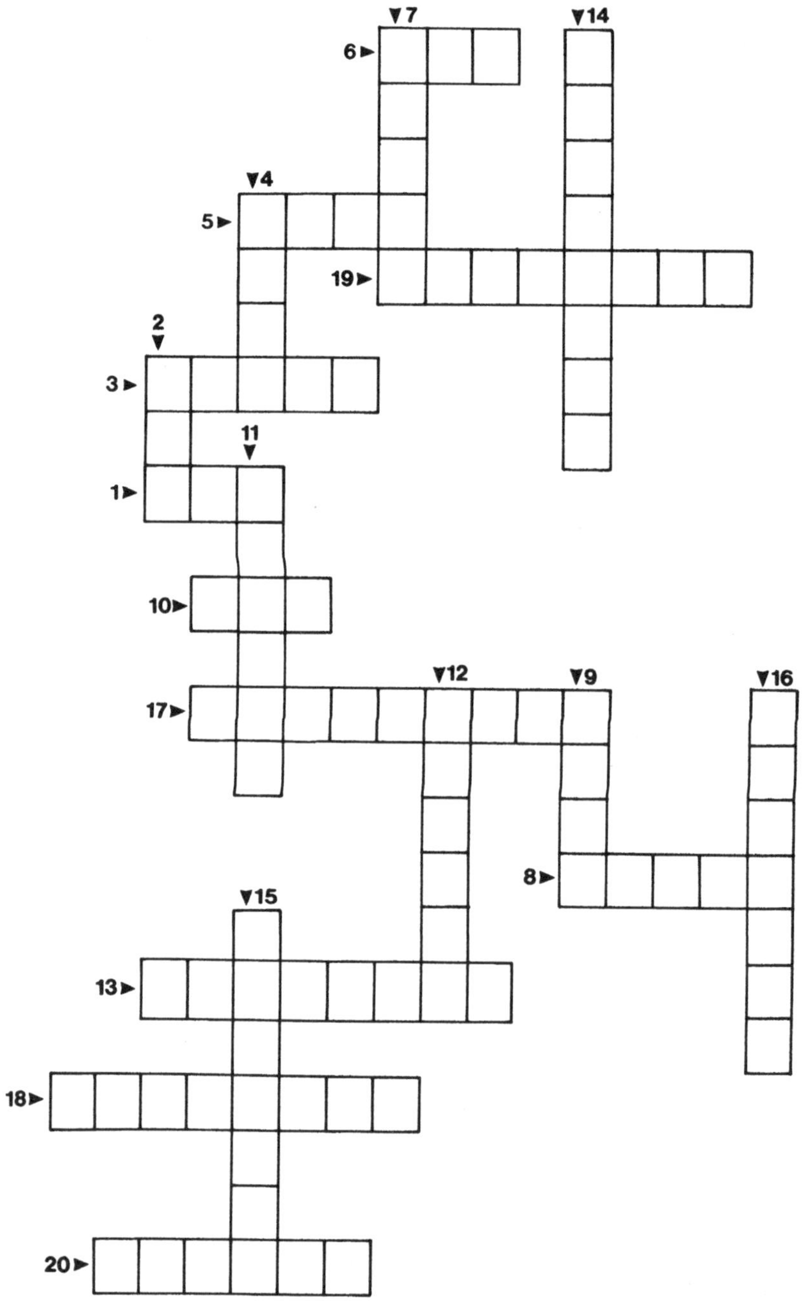

Lernziel: Zahlen auf Englisch schreiben können

Was sucht Paul?

Wenn du den Linien folgst, weißt du, was Paul sucht.

Paul finds a .... , a ....

and a ....

Streiche jeweils das Wort durch, das nicht in die Spalte passt!

the sun	the dog	the water	the boat
the sand	the knife	the milk	the beach
the dunes	the cup	the tea	the sea
the teacher	the glass	the sugar	the school

Lernziel: Wortschatz erweitern

Was gehört nicht dazu?

Streiche die Wörter durch, die nicht dazugehören!

Das kannst du essen:

a spoon
a book
bread
coffee
sugar
cheese
butter

Das kannst du trinken:

milk
a bottle
chocolate
water
a knife
coffee
a cup

Das kannst du nicht essen:

a dish
sugar
a fork
a spoon
a knife
a bottle
an egg

Das kannst du nicht trinken:

coffee
milk
chocolate
a glass
a spoon
a cup
bread

In jeder Spalte ist ein Wort fehl am Platze. Kreuze es an!

☐ bread	☐ coffee	☐ butter	☐ tea
☐ a cup	☐ milk	☐ a spoon	☐ bread
☐ cheese	☐ a fork	☐ a knife	☐ milk

Lernziel: Wörter erkennen, die dazugehören

Versteckte Wörter

In diesem Buchstabenfeld sind Wochentage verborgen. Male sie gelb an und schreibe sie auf die Linien!

	A	B	C	D	E	F	G	H	I	J
1	B	M	J	I	S	L	N	M	O	Q
2	R	O	W	T	P	W	O	L	Y	V
3	D	N	M	N	O	E	Q	W	V	S
4	G	D	F	R	I	D	A	Y	A	A
5	Z	A	P	A	B	N	F	X	T	T
6	X	Y	V	C	D	E	M	Z	D	U
7	Y	D	T	U	E	S	D	A	Y	R
8	T	H	U	R	S	D	A	Y	S	D
9	C	V	D	L	J	A	J	N	G	A
10	S	U	N	D	A	Y	Z	M	B	Y

Schreibe die Wochentage auf: ....

....

....

....

Lernziel: Wochentage auf Englisch lernen

Wie viel sind es?

Schreibe auf Englisch darunter, wie viele es jeweils sind!

two

Lernziel: Zahlen auf Englisch schreiben können

Verschwundene Buchstaben

Der Buchstabenfresser hat die Tiernamen angeknabbert.
Vervollständige und schreibe sie auf!

b . r . ……………………

h . n ……………………

. o . ……………………

. . t ……………………

d . . ……………………

. o . . e ……………………

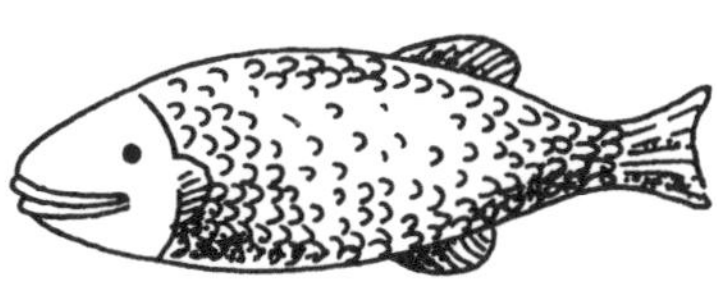

f . s . ……………………

. . b . . . ……………………

r . . st . . ……………………

d . . k ……………………

Lernziel: Tiernamen richtig ergänzen können

Der Kalender

Hier sind einige Blätter vom Kalender. Kannst du sie von 1 bis 7 richtig ordnen? Fang mit dem Montag an!

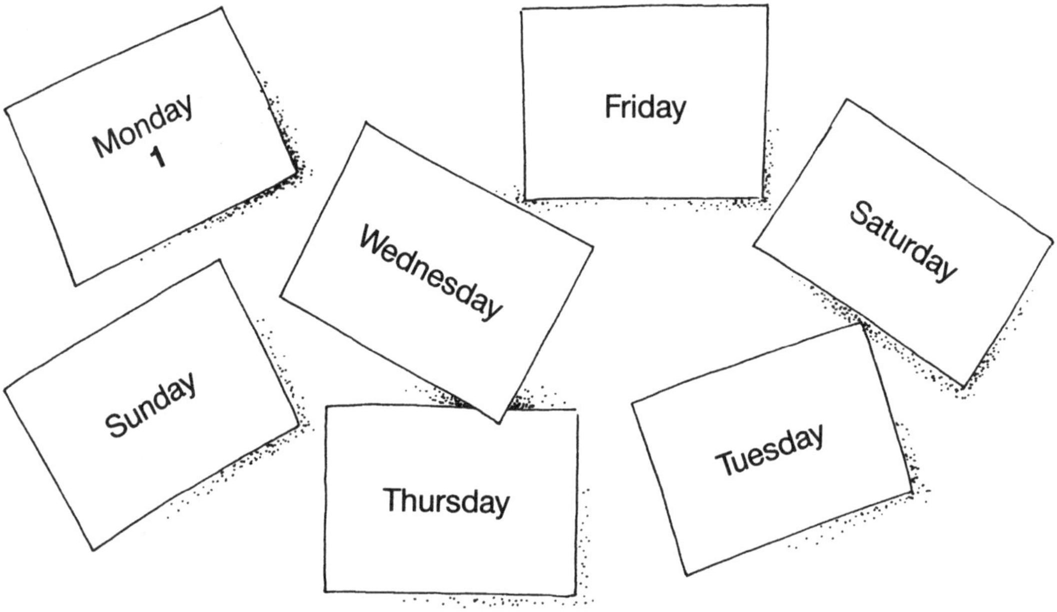

Auf welchen Wochentag fallen diese Daten? (July = *Juli*, August = *August*)

TUESDAY
3
JULY

....
8
JULY

....
5
JULY

....
10
JULY

....
18
AUGUST

....
25
AUGUST

....
21
AUGUST

SUNDAY
31
AUGUST

Lernziel: Die Wochentage auf Englisch kennen

Mengen

Zeichne jeweils die angegebene Anzahl!

 three	 seven
 eight	 six
 twelve	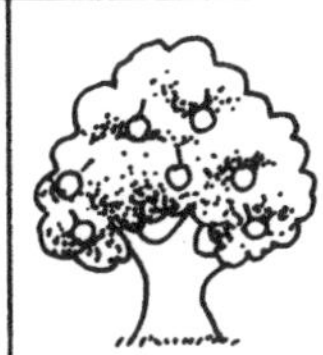 four
 ten	 twenty

Lernziel: Zahlen auf Englisch kennen

Wie heißen die Tiere?

Lies die Sätze durch und schreibe unter jedes Tier seinen Namen.

The name of the dog is Rusty.
The name of the rabbit is Fred.
The name of the rooster is Willy.
The name of the fish is Bob.
The name of the cat is Felix.
The name of the bird is Apollo.
The name of the hen is Tic.
The name of the horse is Joe.
The name of the mouse is Mick.
The name of the cow is Rose.
The name of the duck is Ronald.

Lernziel: Tiernamen auf Englisch kennen

Kreuzworträtsel

Suche jeweils das englische Wort und schreibe es in die Kästchen!

1. Zucker	5. Tisch	9. Glas	13. Messer
2. Brot	6. Wasser	10. Stuhl	14. Schokolade
3. Butter	7. Käse	11. Gabel	15. Kaffee
4. Tee	8. Ei	12. Löffel	16. Marmelade

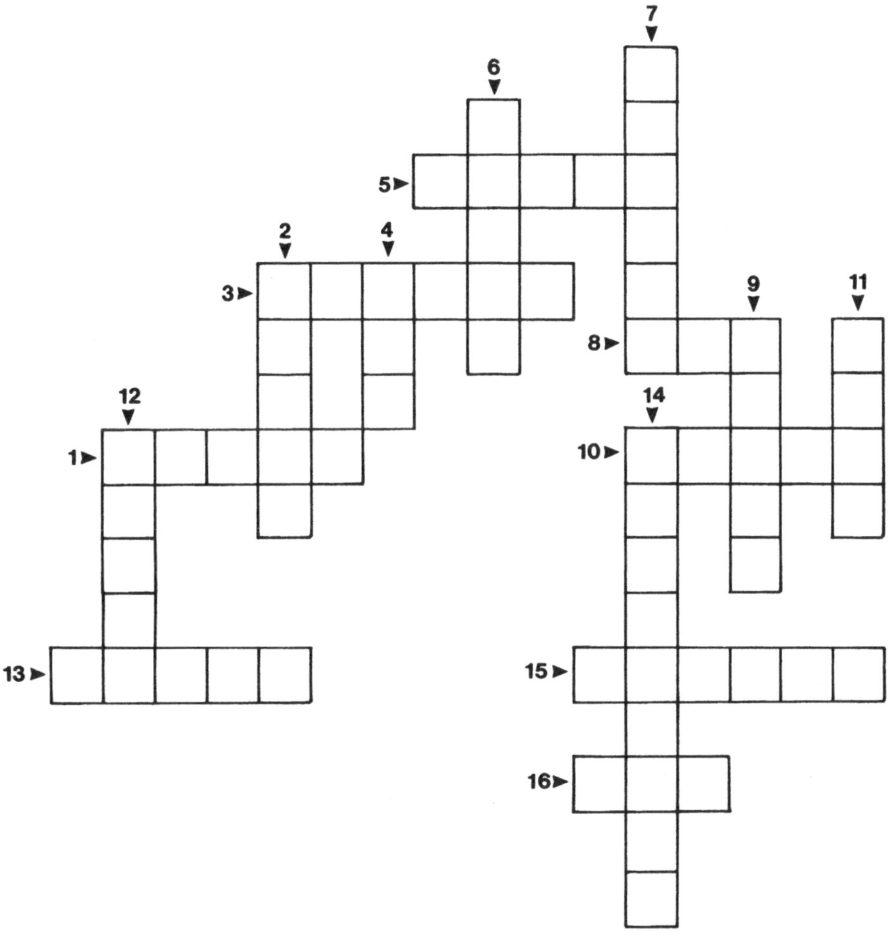

Lernziel: Englische Wörter zum Thema Frühstück kennen

In den Ferien

Zeichne die Begriffe und schreibe die deutschen Namen darunter!

the sun	the chair	the sea
....	....	....
the clouds	the child	the boat
....	....	....
the fish	the beach	the dunes
....	....	....

Verbinde die Satzteile zu sinnvollen Sätzen und schreibe sie dann auf die Linien darunter!

The dog is running •	• on the beach
The children are running •	• in the dunes
Mummy is lying •	• in a chair
Daddy is sleeping •	• in a bed

1. ....
2. ....
3. ....
4. ....

Lernziel: Die Bedeutung der Wörter erkennen und sinnvolle Sätze bilden

Wer gehört dazu?

Streiche die Tiere durch, die nicht dazugehören!

Sie fressen Gras:

the sheep
the mouse
the horse
the fish
the cow
the rabbit
the dog

Sie fliegen:

the cat
the duck
the cow
the dog
the bird
the horse
the mouse

Sie haben vier Pfoten:

the dog
the rabbit
the horse
the hen
the rooster
the fish
the sheep

Eines von den drei Tieren in jeder Spalte passt nicht dazu. Kreuze es an!

□ the hen	□ the fish	□ the sheep	□ the dog
□ the cat	□ the sheep	□ the cow	□ the cat
□ the rooster	□ the duck	□ the cat	□ the bird

Lernziel: Tiernamen auf Englisch kennen

Von 1 bis 20

Der Buchstabenfresser war wieder am Werk. Setze die fehlenden Buchstaben der Zahlen ein und schreibe sie komplett auf die Linien!

th . . .	three	3
s . . en	....	○
. in .	....	○
t . el . .	....	○
f . . t . . n	....	○
t . n	....	○
s . . ent . . n	....	○
. . ght	....	○
f . . r	....	○
e . g . t . . n	....	○
. . ent .	....	○
f . . rt . . n	....	○
. . ne . ee .	....	○
s . .	....	○
e . . ve .	....	○
th . . t . . n	....	○
. . ve	....	○
. ix . . . n	....	○

Lernziel: Zahlen auf Englisch kennen

Mit Farben spielen

Die Buchstaben ergeben sechs Farben. Schreibe sie darunter!

B U G E W E

E L E N R H T I

__________ __________ __________

Y G B N P I

R E R W O K N

__________ __________ __________

Male die Buchstabenkette mit den angegebenen Farben an!

O R A G N E G R E Y B R O W N

Vervollständige die Farben und male die Töpfe entsprechend an!

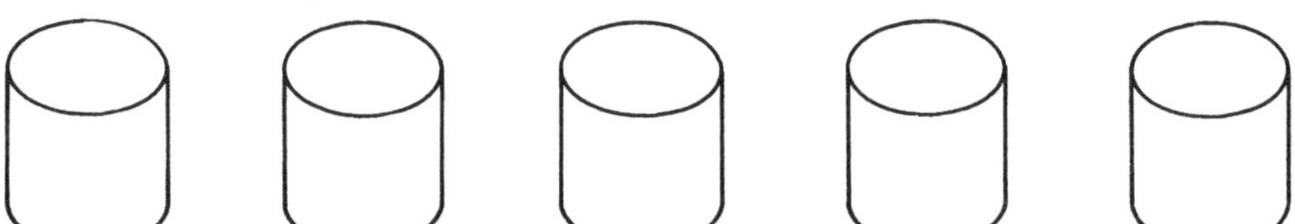

b . . c . g . . y gr . . n b . . e r . d

Lernziel: Farben auf Englisch lernen

Mein Terminkalender

Sieh dir mein Programm für die Woche an! Verbinde dann die Wochentage mit den Aktivitäten!

Monday Tuesday Wednesday

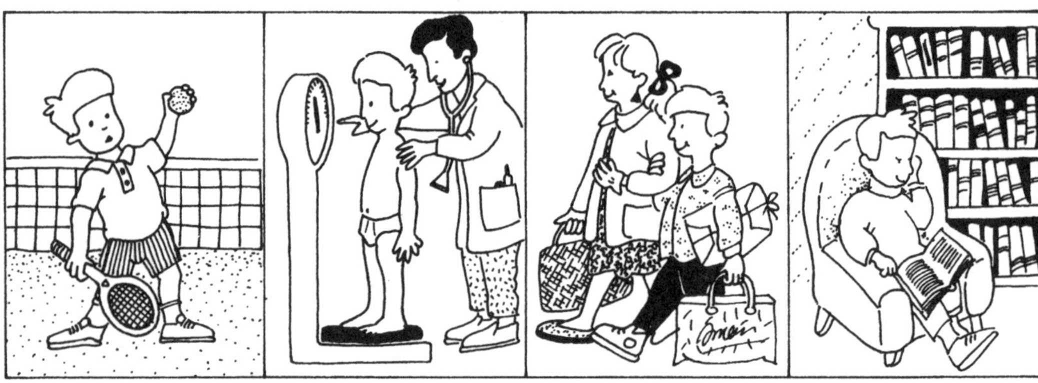

Thursday Friday Saturday Sunday

Monday •	• schwimmen
Sunday •	• Basketball
Thursday •	• Tennis
Friday •	• einkaufen
Wednesday •	• lesen
Saturday •	• Arztbesuch
Tuesday •	• Fußball

Lernziel: Wochentage auf Englisch kennen

Tiernamen suchen

In diesem Buchstabenfeld sind Tiernamen versteckt. Male sie an und schreibe sie dann darunter!

	A	B	C	D	E	F	G	H
1	G	R	O	O	S	T	E	R
2	H	Z	C	A	T	A	B	A
3	C	O	W	C	D	E	F	B
4	V	G	H	I	H	E	N	B
5	D	U	C	K	O	J	K	I
6	W	L	M	F	R	N	O	T
7	X	P	Q	I	S	R	S	T
8	M	O	U	S	E	U	V	W
9	Y	X	Y	H	Z	D	O	G

Diese Tiere habe ich gefunden:

Lernziel: Tiernamen auf Englisch kennen

Er oder sie?

Setze 'he', 'she' oder 'they' ein! Verbinde dann jedes Fürwort mit dem passenden Verb!

He = *er*: 3. Person Einzahl männlich: Inf. +s
She = *sie*: 3. Person Einzahl weiblich: Inf. +s
They = *sie*: 3. Person Mehrzahl männlich oder weiblich: Inf.

.... run

.... runs

.... runs

.... run

.... sing

.... sings

.... sing

.... sings

.... drink

.... drinks

.... drink

.... drinks

they •
she •
they •
he •

• drinks
• drink
• eats
• eat

Lernziel: Unterscheid zwischen 'he', 'she' und 'they' kennen

Buchstaben-Puzzle

Übersetze die deutschen Wörter ins Englische und trage diese richtig ins Kreuzworträtsel ein!

1. Wolken
2. Stuhl
3. Meer
4. Juli
5. Ball
6. Strand
7. Pferd
8. Sonne
9. laufen
10. spielen
11. Sonnenschirm
12. Fisch
13. Ferien
14. Wasser
15. Sommer
16. August
17. Düne
18. Boot

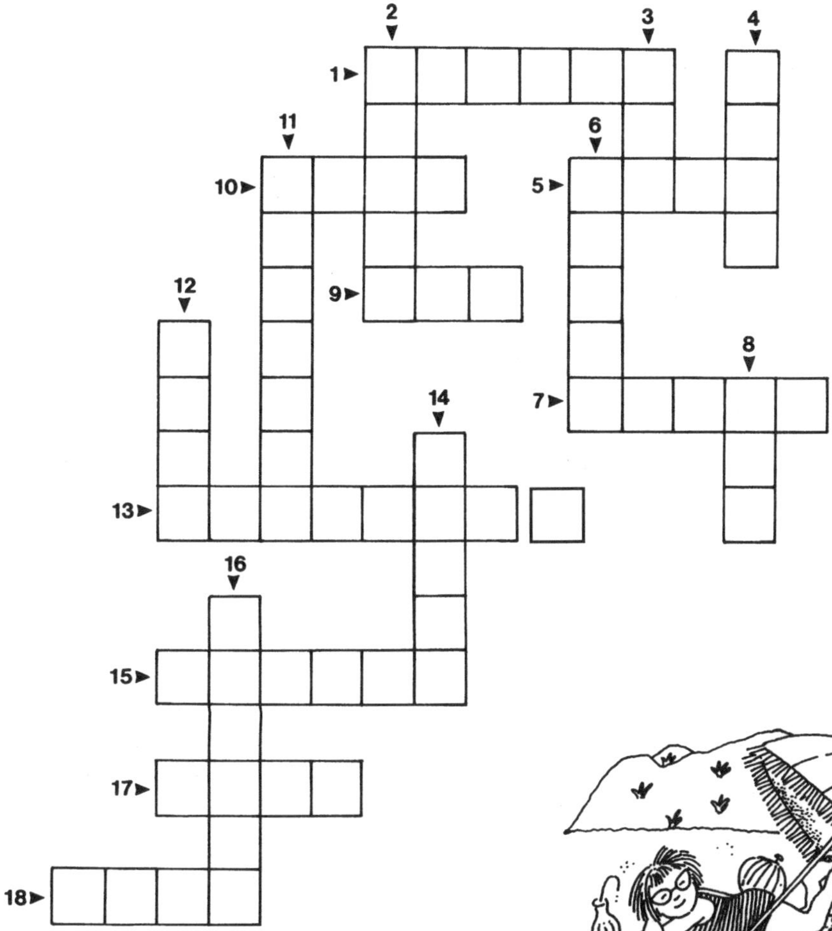

Lernziel: Wortschatz zum Thema Strand kennen

Richtig oder falsch?

Kreuze die richtige Übersetzung an!

a glass of milk

[ ] ein Glas Wasser
[ ] eine Flasche Milch
[ ] ein Glas Milch

a bottle of water

[ ] eine Flasche Milch
[ ] eine Tasse Kaffee
[ ] eine Flasche Wasser

a cup of tea

[ ] ein Glas Tee
[ ] eine Tasse Tee
[ ] eine Tasse Kaffee

a glass of water

[ ] ein Glas Wasser
[ ] eine Flasche Wasser
[ ] eine Flasche Milch

Kreuze an, was falsch ist!

Mummy drinks a cup of tea.	[ ]
The cat drinks fish.	[ ]
The dog drinks water.	[ ]
The bird eats bread.	[ ]
The cat eats chocolate.	[ ]
The bird eats a spoon.	[ ]
Daddy eats bread.	[ ]
The hen drinks coffee.	[ ]

Zeichne, was unten angegeben ist!

a dog under a table	a cat on the chair

Lernziel: Wortschatz zum Thema Essen und Trinken kennen